# Les promesses de Jésus CHRIST à sainte Brigitte de Suède.

Édition : BoD – Books on Demand, info@bod.fr
Impression : BoD – Books on Demand,
In de Tarpen 42, Norderstedt (Allemagne)
Impression à la demande
ISBN : 978-2-3224-2396-5
Dépôt légal : Mai 2022

# Les quinze Pater Noster

Le Divin Sauveur révéla à sainte Brigitte que de grandes grâces seront accordées aux âmes du purgatoire, dès lors que l'on priera chaque jour pendant une année entière ces oraisons.

*Date du début des oraisons :............................... .....*

*.......................................................................*

**Pater** = *Prière du « Notre père ».*
**Ave** = *Prière du « Je vous salue Marie ».*

# Première oraison

## Pater, Ave

*O Jésus-Christ! Douceur éternelle de ceux qui t'aiment, joie surpassant toute joie et tout désir, espoir et salut des pécheurs ! Tu as témoigné n'avoir de plus grand contentement que d'être parmi les hommes. Tu as pris la nature humaine en la plénitude des temps pour l'amour d'eux. Souviens-toi des souffrances endurées dès l'instant de ta conception surtout pendant ta sainte passion. Il en a été décrété et ordonné ainsi de toute éternité dans la pensée divine. Faisant la cène avec tes disciples, tu leur as lavé les pieds. Tu leur as donné ton Corps sacré et ton précieux Sang. Tu leur as prédit ta prochaine passion. Tu les as consolés. Tu as éprouvé de l'amertume et tu as dit : « Mon âme est triste jusqu'à la mort. » Souviens-toi Seigneur de tes angoisses au Jardin des oliviers. Après avoir prié trois fois en répandant une sueur de sang, Judas t'as trahi, la nation choisie et élevée t'a arrêté, de faux témoins t'ont accusé, tu as été injustement jugé en la fleur de ta jeunesse* pendant le temps de la Pâques. Tes bourreaux t'ont dépouillé de ton propre vêtement, revêtu de ceux de la dérision. Ils t'ont voilé les yeux et la face, donné des soufflets et couronné d'épines. Ils t'ont mis un roseau à la main, attaché à une colonne, déchiré de coups et accablé d'affronts. En mémoire de ces peines, donne-moi avant la mort, une sincère confession, une juste pénitence et la rémission de tous mes péchés.

Ainsi soit-il !

# Deuxième oraison

## Pater, Ave

O *Jésus ! Vrai* liberté des anges, paradis de délices, aie mémoire de l'horreur de tristesse endurée, lorsque tes ennemis, tels des lions furieux, t'entourèrent par mille injures, crachats, griffures et autres supplices inouïs. En considération de ces tourments je te supplie, ô mon Sauveur, de me délivrer de mes adversaires, visibles et invisibles. Fais-moi arriver sous ta protection, à la perfection du salut éternel. Ainsi soit-il.

# Troisième oraison

## Pater, Ave

*O Jésus ! Créateur du ciel et de la terre, que nulle chose ne peut contenir ni limiter, toi qui renferme et tiens tout sous ta puissance, souviens toi de ta douleur lorsque les soldats attachant tes mains sacrées et tes pieds délicats les percèrent de part en part. Puis ils te clouèrent à la croix Ne te trouvant pas dans l'état qu'ils voulaient pour contenter leur rage, ils te tirèrent de tous côtés en disloquant tes membres. En cette mémoire, je te conjure de me donner crainte et amour envers toi.*

*Ainsi soit-il.*

# Quatrième oraison

## Pater, Ave

*O Jésus ! Céleste médecin qui guérit nos blessures par les tiennes, souviens toi des langueurs en tous tes membres. Aucun ne demeura à sa place. De la plante des pieds jusqu'au sommet de la tête, toutes les parties de ton corps étaient torturées. Cependant, tu ne t'es point lassé de prier ton Père pour tes ennemis, lui disant : « Père, pardonne-leur, ils ne savent pas ce qu'ils font.» Que ce souvenir opère en moi une parfaite contrition et le pardon de tous mes péchés. Ainsi soit-il.*

# Cinquième oraison

## Pater, Ave

O Jésus ! Miroir de splendeur éternelle, souviens toi de ta tristesse lorsque, contemplant dans la lumière de ta divinité la prédestination de ceux qui devaient être sauvés par tes mérites, tu voyais en même temps la multitude des réprouvés, damnés par leurs péchés Tu plaignais ces malheureux perdus et désespérés. Par la bonté manifestée envers le bon larron, lui disant : « Tu seras aujourd'hui avec moi dans le paradis », je te prie, ô doux Jésus, qu'à l'heure de ma mort, tu me fasses miséricorde.
Ainsi soit-il.

# Sixième oraison

## Pater, Ave

O Jésus ! Roi aimable et si désirable, souviens toi de ton désarroi quand, dénudé et hissé sur le crucifix, tous tes parents et amis t'abandonnèrent. Cependant ta maman bien-aimée et St Jean demeurèrent fidèlement auprès de toi. Tu les as recommandés l'un à l'autre en disant : « Femme, voilà ton fils » et à St Jean : « Voilà ta mère ». Je te supplie, ô Jésus, par le glaive qui transperça l'âme de Marie, d'avoir pitié de moi en toutes mes tribulations tant corporelles que spirituelles. Assiste-moi dans les épreuves, surtout lors de ma dernière heure.

Ainsi soit-il.

# Septième oraison

## Pater, Ave

O Jésus ! Par une profonde affection tu as dit « J'ai soif », mais de la soif du salut du genre humain. Je te prie, d'exalter le désir de mon cœur pour tendre à la perfection en toutes mes œuvres. Eteins entièrement en moi la concupiscence charnelle et l'ardeur des appétits mondains.
Ainsi soit-il.

# Huitième oraison

## Pater, Ave

*O Jésus, Suavité des esprits ! Par le fiel et le vinaigre que le garde t'a fait goûter, accorde moi de recevoir dignement ton corps et ton sang précieux pendant la vie et à l'heure de la mort, pour me servir de remède et de consolation.*
*Ainsi soit-il !*

# Neuvième oraison

## Pater, Ave

O Jésus ! Vertu royale, rappelle-toi que les hommes t'ont insulté et outragé. Tu t'es écrié : « Mon Dieu, mon Dieu, pourquoi m'as-tu abandonné? » En ce souvenir, je te conjure ô mon Jésus, ne me laisse pas dans les terreurs et les afflictions de la mort.
Ainsi soit-il !

# Dixième oraison

## Pater, Ave

O Jésus ! Par l'abîme de souffrances dans lequel tu t'es plongé pour nous, apprend moi à garder tes commandements dont la voie est aisée pour ceux qui t'aiment.
Ainsi soit-il.

# Onzième oraison

## Pater, Ave

O *Jésus ! Miséricorde infinie, tire-moi, hors du péché. Cache moi de ta face irritée dans les trous de tes meurtrissures jusqu'à ce que ta colère et ta juste indignation soit passée.*
*Ainsi soit-il.*

# Douzième oraison

## Pater, Ave

*O Jésus ! Miroir de vérité, lien d'unité et de charité, souviens toi de l'effusion de ton sang rougissant ton corps adorable ! Très doux Jésus, qu'aurais tu pu faire pour nous que tu n'ais déjà fait ! Je te conjure de marquer de ton sang toutes tes plaies dans mon cœur. Que par le souvenir de ton sacrifice soit renouvelé en mon âme. Que ton amour augmente chaque jour, en moi jusqu'à ce que je te rejoigne. O Jésus ! Tu es le trésor de tous les biens que je te supplie de me donner dans la vie éternelle.*

*Ainsi soit-il.*

# Treizième oraison

## Pater, Ave

*O Jésus ! Lion de Juda, roi immortel et invincible, lorsque toutes tes forces furent épuisées, tu as incliné la tête en disant : « Tout est consommé ! » En cette mémoire, secoure moi lorsque ce sera pour moi la fin et que mon esprit sera troublé.*
*Ainsi soit-il.*

# Quatorzième oraison

## Pater, Ave

*O Jésus ! Tu t'es recommandé humblement au Père en disant: « Mon Dieu, je remets mon esprit entre tes mains ! » Puis, tu as expiré ! Par tes entrailles ouvertes pour nous racheter, je te conjure, ô mon roi, de me réconforter pour résister au démon afin qu'étant mort au monde, je vive en toi seul. Reçois mon âme pèlerine et exilée qui retourne à toi.*

*Ainsi soit-il.*

# Quinzième oraison

## Pater, Ave

O Jésus ! De ton côté transpercé d'un coup de lance, tu as versé du sang et de l'eau comme le raisin sous le pressoir. Et il n'en est plus demeuré une seule goutte. Comme un faisceau de myrrhe élevé sur la croix, ta chair s'est anéantie. La moelle de tes os s'est desséchée. Par ton précieux sang, ô bon Jésus, accueille-moi lorsque je serai à l'agonie. Ainsi soit-il.

# Prière finale

## Pater, Ave

*O doux Jésus ! Que des larmes de pénitence, nuit et jour, me servent de pain. Convertie-moi entièrement. Que mon cœur te soit une perpétuelle habitation. Que ma conversation et ma conduite te soient agréables. Que la fin de ma vie soit tellement sage et fructueuse que je puisse mériter ton paradis et te louer à jamais avec tous tes saints.*

*Ainsi soit-il.*

# Les sept Pater Noster

*Le Divin Sauveur révéla à sainte Brigitte la promesse suivante: «Sachez, que j'accorderai à ceux qui réciteront journellement pendant douze ans sept PATER et AVE en l'honneur de mon Précieux Sang, les cinq grâces suivantes:*

*1. Elles n'iront pas au purgatoire.*

*2. Je les compterai au nombre des martyrs, comme si elles avaient versé leur sang, pour la foi.*

*3. Je conserverai en grâce trois membres de leur famille, suivant leur choix.*

*4. Les membres de leur famille, jusqu'à la 4e génération, seront préservés de l'enfer.*

*5. Elles seront averties de leur mort un mois avant. Si elles mouraient avant cette période de 12 ans, je les considérerais comme si elles avaient rempli ces conditions.»*

*Date du début des oraisons :................................ .....*

*..........................................................................*

# 1- Circoncision

## Pater, Ave

Père Eternel, par les mains immaculées de Marie et le Divin Cœur de Jésus, je t'offre les premières plaies, les premières douleurs et la première effusion du sang versé par Jésus pour expier les péchés de l'homme, de la jeunesse, les miens, et pour le renoncement aux premiers péchés mortels, surtout dans ma parenté.

Ainsi soit-il.

# 2- *Sueur de sang*

## *Pater, Ave*

*Père Eternel, par les mains immaculées de Marie et le Divin Cœur de Jésus, je t'offre les douleurs atroces du cœur de Jésus au Jardin des Oliviers, et chaque goutte de sa sueur de sang pour expier tous les péchés de cœur, les miens, pour le renoncement à de tels péchés et pour l'accroissement de l'amour de Dieu et du prochain.*
*Ainsi soit-il.*

# 3- Flagellation

## Pater, Ave

Père Eternel, par les mains immaculées de Marie et le Divin Cœur de Jésus, je t'offre les milliers de plaies, les douleurs cruelles et le Précieux Sang de Jésus lors de sa flagellation, pour tous les péchés de la chair, les miens, pour le renoncement à de tels péchés et pour la conservation de l'innocence, en particulier dans ma parenté.
Ainsi soit-il.

# 4- Couronnement d'épines

## Pater, Ave

Père Eternel, par les mains immaculées de Marie et le Divin Cœur de Jésus, je t'offre les plaies, les douleurs et le Précieux Sang du Chef sacré de Jésus lors de son couronnement d'épines, pour expier tous les péchés d'esprit de l'homme, les miens, pour le renoncement à de tels péchés et pour l'extension du règne du Christ sur la Terre.

Ainsi soit-il.

# 5- Portement de Croix

## Pater, Ave

Père Eternel, par les mains immaculées de Marie et le Divin Cœur de Jésus, je t'offre les douleurs de Jésus sur le chemin du Calvaire, surtout sa sainte plaie de l'épaule, son Précieux Sang, pour alléger le poids de la croix, mes murmures contre les saintes ordonnances, tous les péchés commis, pour le renoncement à de tels péchés et pour un véritable amour pour la Sainte Croix.
Ainsi soit-il.

# 6- *Crucifixion de Jésus*

## *Pater, Ave*

*Père Eternel, par les mains immaculées; de Marie et le Divin Cœur de Jésus, je t'offre ton Divin Fils, cloué et élevé sur la Croix, ses plaies aux mains et aux pieds et les trois filets de son Précieux Sang versé pour nous, son extrême dénuement, son obéissance parfaite, toutes les affres de son corps et de son âme. sa précieuse mort et son mémorial non sanglant dans toutes les Saintes Messes de la Terre, pour expier toutes les atteintes aux vœux et aux 20 saintes institutions, en réparation de mes péchés et ceux du monde entier, pour les malades et les mourants, pour obtenir de saints prêtres et laïcs, aux intentions du Saint-Père, pour la restauration de la famille chrétienne, pour fortifier et encourager la foi, pour notre patrie, pour l'unité des peuples dans le Christ et son Eglise, ainsi que tous les pays où les chrétiens sont en minorité.*

*Ainsi soit-il.*

# 7- Blessure du Côté

## Pater, Ave

*Père Eternel, accepte, pour le besoin de la sainte Eglise et en expiation des péchés des hommes, ces précieux dons, Eau et Sang, jaillis de la plaie du Divin Cœur de Jésus. Sang du Christ, propulsé par ton Sacré-Cœur, laves-moi et purifies-moi de tous mes péchés coupables. Eau du Côté du Christ, lave-moi et purifie-moi de mes premiers péchés et sauves-moi, ainsi que toutes les pauvres âmes, des flammes du purgatoire. Ainsi soit-il.*

*Ainsi soit-il.*